Todo poema é de amor
Cristiane Rodrigues de Souza

Todo poema
é de amor
Cristiane Rodrigues de Souza

Prefácio
Alcides Villaça

2ª edição, 2022 | São Paulo

LARANJA ● ORIGINAL

*[...] nunca houve um trapezista
que não estivesse apaixonado.*
Ana Martins Marques

Todo poema é um poema de amor [...]
Raymond Carver

Prefácio

Águas do instante

Muitos encargos têm os poemas de amor. Amores e poemas de amor atravessam os tempos em vários registros, adotando modos distintos de promover o corpo, de falar daquilo que o anima e daquilo que lhe falta. Há sempre o que lhe aviva a chama e o que a ameaça, sopros que parecem dialogar para não se perder a tensão do vivido. Cristiane aceitou os encargos poéticos do amor e de suas circunstâncias, sabendo que é preciso a cada passo, a cada verso e poema, particularizá-los em seu peso e leveza, para fazer justiça às experiências sempre distintas que o amor patrocina — seja o amor em que os seres se buscam e se abraçam, seja o amor que liga cada pessoa ao cerne de uma experiência sensível.

1

Falemos desses amores, dessas particularizações, dessas experiências. Para serem poesia, Cristiane sabe que devem passar pela prova da linguagem que habilita tudo: símbolos, imagens, ritmos, confissões, elipses, silêncios. Para serem autorais, deve-se sentir neles a continuidade pessoal até mesmo do descontínuo, a cerzidura do que surge como rompido, o traçado da linha que não se completou. São traços aqui presentes, me parece, da poesia de uma mulher moderna de um lado, nostálgica de outro, confessadamente dividida entre os apelos do cotidiano de agora mesmo e da inclinação dos mitos clássicos reportados entre o para sempre ou o nunca mais. Assim é que insistentes sombras do épico reviram nos epigramas: Penélope é partida (em mais de um sentido) e é chegada; há espaços a frequentar entre a perdida Ítaca homérica e a medida intimista bandeiriana. O ajuste entre lampejos clássicos e o néon modernista se faz com epigramas, súmulas, sínteses, no tempo curto que temos, nos símbolos rápidos que ora podemos.

O tempo que temos é sobretudo o do *instante*: o tempo do momentâneo que Baudelaire já entrevira no rosto encantador da mulher que passou na multidão, mas que agora é também o momentâneo histórico e perplexo da mulher atual, dessa mulher que se habilita a olhar por si e a compor o nu do outro, do homem, a navegar as águas obsessivas de suas próprias viagens, a construção de seu porto, de seus dionísios particulares. É preciso reconhecer na poesia de Cristiane a afirmação dos parâmetros desse tempo instantâneo e iluminado do ângulo feminino, que a crítica Gilda de Mello e Souza, num ensaio preciso sobre Clarice Lispector, identificou como um *vertiginoso relance*: aquele golpe no tempo e nas palavras que visa a "apreender o instante exemplar, aquela ínfima parcela de duração capaz de iluminar com o seu sentido revelador toda uma sequência de atos". Esse relance surge como medida preferencial de Cristiane, ora lembrando a força do detalhe avulso de uma cena prosaica ("os murmúrios das bandejas de plástico") ou da integridade sensível de uma situação bandeiriana (em poemas como "aeroporto municipal", "Decalque"). A medida do poema curto, às vezes curtíssimo, se ajusta a esse vislumbre de poesia que se dá a ver numa única epifania, na integridade de um gesto expressivo, pintado à mão, como o que se imprime visualmente em nós nos versos de "estações e partidas".

2

Alguns símbolos são obsessivos, calcados na busca da persona essencial. O mais forte entre eles é o das águas, que circulam e se disseminam por muitos poemas sob diversas formas e com distintas sugestões. São águas sensuais do corpo ("Noite"), são águas marítimas e aventurosas de navegadora ("Barco"), imagens que parecem conduzir para a fluidez e para deslizamentos, mas que também se equilibram custosamente entre uma espécie de ancestralidade mítica e o empoderamento feminino, constituindo assim uma divisão dramática nessa persona em construção. Registra-se em poemas de Cristiane a assunção da modernidade altiva que grita "Foda-se, a queda! Vou saudar o silêncio" ou da fala que remói a história ancestral e silenciada das "mulheres que vivem muito / as octogenárias senhoras / Úrsulas Leocádias Leonídias", ou da experiência da memória que encontra sua contrapartida na ironia das "mulheres que renascem livres em Araraquara / para terem à noite sua própria lua / e um tigre de pelúcia". São tonalidades a descobrir ao longo das seções que partem de uma Penélope que agora se rearma, como na epígrafe tomada de Mônica de Aquino: "Ulisses agora sou eu", ou como nestes versos de nossa poeta, armada para o voo: "meu abrir de asas são borboletas marítimas".

Há em tudo, pois, a conquista de uma divisão íntima
— sucesso paradoxal, não é? — da arte moderna que
não esqueceu a clássica. Veja-se a duplicidade que
anima expressões como "olhar teu corpo é ainda
a falta do corpo", "na sombra / do peso de tua mão",
"desde então o porto é uma cidade que me espera",
"ouvires cá fora / no movimento de ar / tua música
íntima", "a metafísica do voo — dobrar e desdobrar". A
completude desse movimento divisório (que a poesia
sabe como integrar) está de modo exemplar neste
poema da primeira seção do livro:

amor é névoa miragem
lua branca bêbada
mas como não posso colher o amor
         feito bago de uva
guardo ao menos o beijo no bolso

onde há a sugestão forte do desconcerto a um tempo
volátil e amoroso na ordem dionisíaca e lunar, a partir
do qual resta sua preservação possível, amor colhido
entre brumas que cabe no bolso como um beijo
portátil. Transfigura-se a rica oferta do mito no que
pode caber em nosso trajeto de rua.

Orfeu se representa nesta poesia, não apenas como
tema focado, mas sobretudo como um sinal de perda
que retorna em cenários de uma unção degradada,
"lugares para joelhos e flores de plásticos / jarros
umidade e fotos embaçadas". No poema "Orfeu",
este comparece como "homem rastafári perto de
aranhas anacondas / tatoo na trilha com cheiro de

ervas", traduzindo num espaço e num corpo juvenis com seu "canto d'água voz de correnteza / boca com palavras que as mãos guardam / como passarinho". Ser a guardiã de algum mito na prosa da calçada contemporânea surge como desígnio afirmado em muitos dos poemas.

3

Atravessando essas águas divididas entre os tempos, há momentos de confissão mais doméstica, a mulher da biografia trazida para o centro da experiência, entre filhos, lendo o poeta amado, pensando em Caxambu, sem por isso deixar de anotar "estratégias de amor", ou lembrando o "ritmo de Dylan", o "alone solo de guitarra", ou reconstruindo instâncias líricas do mestre Manuel Bandeira. Nesta trilha das experiências vividas, sente-se que há muita coisa para a poeta contar e transfigurar em momentos futuros.

Buscando uma síntese, diria que a poesia de Cristiane canta com força seu jeito de fluir no momento que passa, como as tantas águas que correm e reatam no livro instantes que sem elas se perderiam. Trata-se, realmente, de um símbolo forte, carregado de história, de vida e de movimento: a água vai atando os poemas com todas as sugestões que a poeta sabe figurar: "água noturna", "maré cheia", "correnteza sem urgência", "lábios de maré", "nuvem líquida", "como rio, transbordo", "águas escuras dos olhos..." Nesse sentido, a epígrafe recortada de Caetano Veloso — "Navegar é preciso viver" — interrompe a

canção tal como se interrompia na boca do cantor
o verbo lançado para o ar: "viver [...]", sugerindo no
silenciamento a vela do argonauta aprestada para
o mar. Felizes epígrafes, aliás, as do livro em suas
seções: falam, com Ana Martins Marques, do estar
de Cristiane "entre a ilha / e o ir-se", do desejo mítico
de Drummond em "o amor reagrupa / as formas
naturais", ou, mais que prima-irmã, esta declaração
de Micheliny Verunschk: "ele me queria terra / eu me
quis nave". A epígrafe trazida de Marcos Siscar contém,
na ambígua direção de um movimento, uma chave de
compreensão íntima para a poesia de Cristiane: "não
se diz voltar um rio se vai".

Lançados em viagem, os poemas que se atam e fluem
na correnteza deste livro abrem-se à nossa companhia,
em cumplicidade poética.

Alcides Villaça

Penélope é partida

[Penélope] tece o pano como quem toca o corpo de um homem, de cem homens [...]

enquanto pensa: Ulisses, agora, sou eu.

Mônica de Aquino

Três luas, Dionísio, não te vejo
Hilda Hilst

Três luas, Dionísio, moram na casa, a minha.
Passeio entre as dunas o sal
e digo às estrelas que as acompanham
                         Vênus e Júpiter
que não posso estar sozinha
sem Dionísio, apesar do sol
porque a chama movediça incorpórea
lunar, a chama —
o meu desejo, a sua falta —
me transpassa, Dionísio.

se sou lira,
o canto
não é vento
nas cordas
movediças

se sou lira,
o canto
é sua falta,
Dionísio,
lua inteira prata
grávida,
dez mil sóis
no corpo

Viagem

abolir mapas e cartografias
ser maré cheia água noturna noite
líquida e guardar-te em rios:
estrelas no preamar
balanços de sal luz de arrepios.

Estudos para um corpo masculino

1.
boca

o limite da
    mordida
e do
beijo

2.
Dejà vu

seus olhos são meu corpo devorado

3.
repouso em seus ombros como a lua
japonesa

4.
sempre agradeço aos seus joelhos

5.
meus quadris
se pudessem
descreveriam os seus

6.
amo as articulações
dos seus dedos
quando dentro
de mim
precedem

7.
não existe nada mais malicioso
do que as suas costas

Noite

vestida de tarde
entro na tua água noturna sem escafandro ou barco
    (meu abrir de asas são borboletas marítimas
      e tua boca será o beijo cores palavras submersas)

não preciso da água depois de você
   (minha mão busca seu cão
   seu outro cão busca meu colo)
você é rio pedaços de luzes frias
alegria dos botos
risos peixes dóceis
correnteza sem urgência

para conter a noite fecho a cortina
mas a lua pousa ao lado dos vidros
e repuxa úmidos de mangue lábios de maré

falar teu nome é ainda a ausência do nome
   apesar do ar estreito nos pulmões garganta lábios

olhar teu corpo é ainda a falta do corpo
   não obstante a imagem branca retina asas de
                                     [pássaro

Estudos para um corpo masculino II

1.
O ombro é porto
quando a lua
é azul.

2.
O peito é de Hércules Atlas Ciclope
se estrelas caem.

3.
As mãos são o desenho do gozo
quando riscos no céu são Vênus.

4.
Feitos de pedra e de noite
os olhos me defendem
imutáveis.

4b.
Os olhos são naufrágio e *enjambement*
se encontram o meu céu submarino.

A mão toca o osso do meu queixo
enquanto os ruivos de barba quebram barragens da
[noite.

— Sobram lago e resquícios de luz

Seu cabelo está todo iluminado
de partículas galácticas
Matilde Campilho

"Parece filme de Kubrick"
é sua primeira frase no quarto de motel
a interromper um beijo
e seu cabelo está azul de luz e há estrelas no teto
Imagine se seu samurai falasse?
e torcesse os olhos e franzisse a testa
entre o vento a terra e o ar grudados sem gosto na sua
                                      [pele tatuada?
"é sem expectativas"
eu sei, apesar do azul das estrelas nas paredes
e de você se transformar
pouco a pouco
num felino macho
    "é da laranja mecânica a luz do neon sob a cama"
    "é da laranja mecânica o móvel negro retorcido"
    "é da laranja mecânica o espelho para olhos abertos"
as estrelas do teto se mexem e do lençol da cama
                                      [brota o suor
    "sem expectativas"
apesar do luar entrar pela janela
refratar no azulejo do banheiro
e cair nos seus cabelos azuis
Sabia que entre vidros você é centauro?
Súbito o vento abriu a porta
e como era manhã nublada da quinta-feira de chuva,
                                          [você
apagou o azul dos cabelos
espantou o gato de cauda

recolheu a tinta do luar
entrou comigo no cheiro do carro
furou um pneu no buraco do asfalto
parou perto do mato cortado
enquanto eu no vestido de vento
tentava readaptar as retinas à fala prosaica.

Você era lindo ainda, com mãos de graxa.

Foi como se o quarto fosse mar
em que peixes de luz vagassem.

Foi como se o homem flutuasse
nuvem líquida volante insonhada.

Foi como se me possuísse
num batismo de águas e ar.

enquanto a lua tenta chapear o lago

você é o dono do ponteio
e eu, consciência vaga do branco
ritmo de terra olhos de girassol sobre
o sono o grito dos pássaros
partitura sem licença de metrônomo

poderia atravessar a cidade de bicicleta
colocar a mão nas águas
correr ruas entre gentes
deitar no cruzamento da avenida larga
depois procurar-te em prefeituras velhas
igrejinhas de Santo Antônio rodear
o relógio do centro
lembrar do raio
e escolher o acaso

eu te encontro depois do girassol
no segredo dos chás
entre árvores ancestrais enchentes
enquanto exerce
com vagar
o domínio das horas

— mas nós não teremos um filho

eu que sou estrelas galáxias
voo de pratas e vidrilhos,
na tua carne, amor,
guardo luas

olho oriental diluído no mel,
aceite ao menos o grito da lua
porque pesa em minha cabeça
a embriaguez dos atabaques
e os pés pesados de Dionísio

como quem sonha com savanas
olho teu perfil intermitente
   (sol do deserto)
e penso em falar do cheiro de vento na sombra
do peso de tua mão

Tenho Eros no peito
    penas invasoras
    alagado de alma
e agora sou asas leves claras severas escuras
entre o raio de sol e o chuvisco

os gregos diriam ser destino

leio as estrelas dos teus olhos como se fossem búzios
percorro as linhas que ligam os pequenos pontos de luz
e descubro que não se diz olhar
se diz fogo noite mapa

teu nome é Davi
filho de Michelangelo
se contemplo teu dorso nu
e também Leopardo
se me olhas como fera
nuns braços lençóis travesseiros
e te nomeio Forasteiro
se me perde na língua estrangeira
preparada antes do sol
quando você era carne de girassol e as estradas eram
                                                      [andares
teu nome é Mago se me rouba as mãos
    (que guardará ao lado de cartas e talismãs)
enquanto águas quentes da pele escorrem
por poros pernas desvãos
e espero recompor-me depois num abraço
de brisa no teu fim
de tarde

Hendrix faz aniversário sob degraus brancos

crianças não dormem nos quartos o sol lento premedita a manhã na madrugada de serpentinas há mãos de meninas coração de seda no seio anjos e danças de orixás mas de você não vem um gesto e as baladas dos ares me defendem do silêncio com giros brejas e o índio nipônico que finge comigo histórias de Ian Fleming depois do amarelo do sol bater na névoa do vidro

Ilha

1.
você é meu luar que abraço
como neblina

2.
de manhã
a aparição súbita da sua beleza
    na cozinha
causa no ar o susto de asa
    de passarinho
que irrompesse
    pela janela
ou de um beijo
    inesperado
que te dou

3.
descubro-me em ti
e quando partes
leva-me

4.
gosto quando teu calor possui meus arrepios

5.
vejo no extrato do cartão
as mãos dadas dos encontros risadas
do último mês

6.
peço ao tempo que ao menos me conceda
a tua risada

7.
durmo nos teus braços
e confundo os carinhos
com o barulho de tuas asas

8.
você parte sem maldade,
depois de ajeitar os cabelos pegar o celular as chaves
                        [a carteira os meus desejos
de suas costas de seu sono de seu beijo abraço mas
deixa-me
    a mim só
pura ternura

Gosto mais da lua com você

luou
a noite
a lua sua
minha
os ares pálidos
noturnos
notívagos
azul acima
em volta
a rua rarefeita
mas
sem
você
a lua sua
só
chora
longa branca
escura
dissolve
se
sal
sobre o
sol
o

como se lua
faço-me branca e luz
como se amor fosse névoa
como se pura
e primeva
como sem eras
faço-me ausência
e enredo-me em estrelas

amor é névoa miragem
lua branca bêbada
mas como não posso colher o amor
                feito bago de uva
guardo ao menos o beijo no bolso

Antes de morrer
haverá vinho do Porto
e uma procissão com todos os meus amores.
Dionísio há de juntá-los
num ser perfeito
e seu beijo
de morte
será fênix
abençoada pela lua
que flutuará
esquecida
no céu todo água.

Fragmentos do discurso de Penélope

— Falei o nome antes do gesto dos dedos.

— O rapto foi às duas da madrugada, na rua imóvel.

— O reconhecimento aconteceu entre névoas.

— A coincidência deu origem a tudo.

— Não tenho pressa, porque em mim moram pássaros
[amarelos.

— Como rio, transbordo.

— Me abismo numa adorável doçura.

— A espera agora é de Odisseu.

— O gesto é único.

— Olhar o corte, desfazer o eu, compreender o corpo.

— Escolher a deriva no mar.

— Ser levada pela semelhança do rio.

— Os dedos na água do rio.

— Desejar o peixe, porque ele deseja o peixe.

— Descobrir a solidão do discurso.

— Imaginar a música.

— Esperar a música.

— Conhecer do silêncio o toque dos dedos.

Passagens

Navegar é preciso viver
Caetano Veloso

Kaváfis surge como sol
e a paisagem se movimenta —
    talvez seja o truque dos agudos
    faróis
    a beleza da luz
    talvez o corte

estações e partidas

entre o ar japonês da rua e os trilhos
janelas de vagões espiam o abraço
mas as portas do comboio carregam o sinal do destino
                                                                      [e do
corte o anúncio do silêncio e dos
túneis

queda

o baixo contínuo dos ares
move-se melancólico em ruas que não acabam

como é difícil sustentar a paisagem
homens e mulheres tombam
um
a
um
no abismo possível entre a
ponte e o
rio —
    a sombra interrompida pelo grito
    o peito amparado no ar
    as asas quase crentes

repetimos o pulo e refazemos
na linha entre a ponte de ferro e o grande rio
o percurso do menino morto

entretanto no abismo sem ar das águas noturnas
entre peixes estranhos brisas de água e cantos de uiara
desejamos o brilho inútil das estrelas

desde então o porto é uma cidade que me espera

Exílio

reconstruo a casa ajusto os olhos
ouço falas gritos de pássaros
recolho-me ao interior
enquanto leio sobre dança amor
escuto Mette Henriette
e evito escrever poemas

vigia

nascera com complexo de Tiziu
e
vez
ou
outra
soluçava uma pirueta sobre a linha da guia

aeroporto municipal

o avião pesado
com hélices inseguras
decola aos poucos
com sua bundinha tímida
de frango
tentando voar

O catador de papel balança a carroça
no ritmo de Dylan que ouço baixo no carro.
O homem recria a melodia no entanto seu cão pipoca
                                             [a percussão.
Em volta outros ritmos são setas ininterruptas
avanços paradas ruas rotatórias.
Mas aproveitável pra música do homem apenas
a dissonância da corridinha de remorsos de outro cão
                                             [manco atrasado.
E talvez a nota do caminhão grave parado pesado no
                                           [meio do asfalto.

Orfeu

sol entre galhos
pneus na neve do cerrado
balanço de discos voadores
                          sol
homem rastafári perto de aranhas anacondas
tatoo na trilha com cheiro de ervas
boto músculo de peixe
canto d'água voz de correnteza
boca com palavras que as mãos guardam
como passarinho

Sol branco desarvora pássaros
olhares assuntam a distância entre a porta de vidro e
                                        [o carro
o calor sobe por pernas e o asfalto se derrete como o
                                        [chiclete na calçada.

Há notícia de milhões de baratas que se movem
                                    [devagar nos subterrâneos
e de mil cigarras que gritam rápido
para que possam morrer.

a árvore que chovia flores amarelas

para defender a dama o homem sacou
a sombrinha azul
equilibrou-se em um dos pés
e privou-a dos chuviscos
entre abraços movediços

órfão

tem 50 anos
mas menino ainda espera a mãe

Decalque

Aquela mulher era Macabéa:
A magreza aguda da fome.
A curva redonda das costas.
Evocava também os ermos, as falas escondidas, o olhar
                              [a furto nas janelas.
Era pequena atrás do balcão.

Um dia, o gesto rápido inflou a sacola do pão
como um tufão ditirâmbico.
E o cacto, Laocoonte, Ugolino e Macabéa
tombaram atravessados na cidade
e impediram por vinte e quatro horas a lucidez e a fuga.

— Era feia, bela, intratável.

Papoula (Decalque II)

De um lado te vejo como mão em concha
Do outro, desistência da espera de cujo movimento
                             [ascende a pétala fina

És vermelha como o amor divino

Dentro de ti na ausência da cápsula
Não está o suco prodigioso
Ou o adormecimento

E quedas simples no arroio de ar
Ao lado da luz de Monet
Num amplo campo alto, águas de *Orangerie*.

Desabrigo

entre a ilha
e o ir-se
Ana Martins Marques

translúcida

vento mãos de brisa joelhos
baques de ar no oco do peito cristal
sangue elétrico em veias transparentes
pés de nuvens cabelos de prata
sexo redemoinho
pulmão vagos ares
coxas impalpáveis
barriga de areia branca fina
braços longas notas de som
sol
boca dos olhos
costas de vagas
águas

nada mais solitário do que andar
com esta lua
na mão

o mesmo gesto na mesa do café um sentado de cada lado a imagem esguia de mim a ficar pra trás enquanto parte o ônibus em que estou a lembrança do gesto do avô que me deu queijo feito de luz de geladeira antiga no canto da copa e a bolacha a mesma que devoro agora pra esquecer a demora da tristeza já fazia tempo a ideia de carregar comigo o gosto da bolacha para os momentos difíceis a descoberta do medo que as cobras têm a descoberta da minha falta de medo seria eu a moça da primeira poltrona do ônibus?

me lembro do conselho de Kaváfis
sobre o adeus na janela
a música de Alexandria
e saber cair

— Foda-se, a queda! Vou saudar o silêncio.

carregamos nas mãos como relíquia
a própria morte vidros e ossos futuros

no cortejo fúnebre há olhos sobre altares improvisados
[em ruas
lugares para joelhos flores de plástico
jarros umidade e fotos embaçadas

ando entre pessoas sem olhos
cada vez há mais pessoas sem olhos
e quando uma pessoa perde os olhos
na minha frente
ando entre pessoas sem olhos

a lua vermelha antecipa as águas entre pernas
e depois se afunda na madrugada
se o ar de uns olhos invade os meus como penas de Eros
expulso no entanto feito vocábulos cuspidos asas de
                                              [pássaro

Morrer

coisas se derretem num longo alone solo de guitarra
as curvas das estradas se confundem com luzes de
[automóveis
o zumbido da ambulância é o neon do letreiro
enquanto flutua sobre a cidade o grito desamparado da
[cigarra de prata

Todo poema é de amor

[...] *o amor reagrupa*
as formas naturais
Carlos Drummond de Andrade

Poética

Escuta, é preciso cuidado
    (este poema não é sobre amor)
é preciso cuidado pois se te colocas ao lado da música
    (se eu o beijo, as peças os arranjos do corpo dele
        [como trinados descem pela minha garganta)
é preciso cuidado pois se te colocas ao lado do corpo
                            [dele
há o risco de teres tangida a corda subterrânea e de
                          [ouvires cá fora
no movimento de ar
tua música íntima.

Amor-poesia

não existir
sob sol ventos marajoaras

mas sobreviver
nos limites do corpo
junto a outro corpo
na pausa en-
        canto
enquanto
        com-
tem-
        plação
rara
rarefeita
de ar

Os poetas não mentem sobre o amor

Se pode haver entre dois corpos
a ilusão curta de serem um só,
está certo Aristófanes —
    e ignoramos sensatos os contrários à mesa.
Afinal, da ilusão provém a falta, a busca e os discursos.

18 - ago

a Lua míngua no signo de gêmeos
enquanto Diotima e Sócrates definem o amor

Poesia contemporânea

o lirismo
    agora
é calafrio na espinha
frio sol pontiagudo no sexo

a poesia está nas esquinas quebradas
nos uivos de amor da rainha de plástico
no sex shop da vinte e cinco de março

o poeta navega o rio diluído na tarde branca
e embora o ar fale de plumas
ele é Eros mergulho peixes pratas golpes de proa

amor são terras estrangeiras
articulações de asas
a metafísica do voo —
    dobrar e desdobrar

amor é massa fresca
a farinha aos poucos
o cheiro do manjericão —
    água quente
    inox
    fogo

amor é mapa astral na sala de jantar
o cuidado com a casa retrógrada
o olhar do homem sobre linhas —
    vinho
    taças
    estética

amor são cartas de tarô
as mãos mais próximas
os símbolos em que o homem não crê —
    pergunta
    resposta
    discurso

amor são dedos ao piano
Whitman nos lábios
Gaia e Uranos na parede —
    versos
    escafandros
    girassóis

amor é a fala do homem
olhos claros desenhados
corpo no sofá —
    boca
    língua
    pele

amor não é crença
é da ordem do sentir —
    ossos
    corpos
    sangue

amor é crença
é da ordem do ser —
    se essa rua fosse minha
    não mandava ladrilhar.

Histórias de amor

ele me queria terra
eu me quis nave
Micheliny Verunschk

Barco

Chopin mistura-se aos vãos dos livros
no quarto —
    bateau molhado sob frestas.
O chão oscila e ainda as paredes coladas de poesia,
enquanto o poeta faz árduo trabalho na água,
não fora,
na água do barco de contenções líquidas.

A menina vê notas e versos úmidos
nos chãos nos desvãos da embarcação,
moto contínuo
balanço isolado
do *bateau*
como se sobre estranhas águas de rio
sem pedras
    sem pira
nem oleosas ou subterrâneas
não de ilhas
    marajoaras
mas rio de barco
    do barco
de sob o barco livre.

A menina suspira,
admitida nas águas escuras dos olhos,
a sentir na pele lampejos de luz e rios
sombreados
úmidos de paisagens
passagens peixes árvores
detentores de cafés e peso

e mergulha sem respiro
nas águas quentes
a procurar o puro
que no entanto está
sob veios
submerso.

porque tem um pássaro amarelo no peito
    canto de penugens movimentos de voos
ela entende a voz da Matilde Campilho
e a gravidade das cartas de amor

Depois do nome

ela queria ser Beatriz
mas de Dante vem o ritmo bonito da fala
e o grande do abraço
porém de Dante o doce do beijo
e a música dos dedos
entretanto a posse das costas femininas
úmidas
    gotas de suor
de Dante
chuva em Gaia
    enquanto a água lá fora
é só a água lá fora

ela aperta nas pernas o delírio do vinho
último reconhecer-se
    indivisível
leve suspiro
suspenso
sem
sustentação
sobre a iminência do cair-
se
perdida
de
si

no rio de ópio à deriva
o louco amor do poeta
após o vinho os versos o golpe
baixo da muiraquitã no pescoço
entre fumaça chão de água e peixe
chama a mulher com canto de boto
arquitetura de redes d'água:

— porque a quero

Estudos

1.
a mão procura na mulher a geometria do violoncelo
mas o corpo quer gestos de posse sons guturais

2.
se a mão toca uma das cordas
o peito da mulher é naufrágio

Ele era Oscar, nas noites de Cabíria

Ela pendeu mansamente sobre seu ombro
Goethe

Havia água de torneira
vermelho áspero de maçãs
a navalha do homem na pele de cenouras
o ideal do suco.
Ela falou de Adélia e dos peixes
e ele de pescarias e viagens que não a incluíam.
Havia ombro ao lado de ombro
mistura de azuis e verdes
e brilho de escamas imaginadas.

Ele era Hermann, mas Hermanns não existem.

ela descobriu uma das Ítacas no corpo do homem —
rotas ilhas soltas sobre águas
as notas uns braços
terra em que ela é rio
subterrâneo

A origem de Ítaca

Menina só ave.
Guimarães Rosa

Princípio

Encontro a poesia no peso do garfo sobre a bolacha
[de nata
na procura por cerrados pastéis e estrelas
no sofá dividido gosto de vento pontilhões
no voo da menina de passos curtos que não vê
[fantasmas noturnos.

— É que vim de Irapuru, minha Itabira.

Tebas

muros seguem o cheiro da erva
e à sombra úmida da terra
escondem morangos cafés carambolas

portões antigos
no chão claro mato caído
disfarçam caramujos pernilongos cobras cegas

longe os ônibus lentos
buscam conservatórios amores
levando meninas que guardam em potes o cheiro da
                                                            [cidade

tomo suco de groselha
para reaver a fresca a calçada
e os murmúrios das bandejas de plástico

o cheiro do molho no pão lembra mordidas no pátio da escola e jorros de carne moída no chão era natural o vermelho no paço da D. Francisca mas hoje a carne é de soja

encontrei no xerox do prefácio a Cromwell seu nome e
a cópia dele em letras infantis quis falar da roda da sua
infância em torno da minha graduação mas o silêncio
adolescente não ouvia nada

filho

a visita de soldado interrompe a madrugada
fala de faculdade tatoos rock
e depois parte levando o abraço
apertado

escuto os violões na sala
as vozes grossas dos filhos
leio Corsaletti na cama
faço anotações de estratégias de amor
penso em Caxambu
na água com gosto de Caxambu
nos primeiros passos
do primeiro filho
em Caxambu

Ancestral

entre paredes de tábua
a mulher narrava o exílio parindo filhos

depois ficou em silêncio muito tempo
e quando falou sua voz era de velha

o pai disse vai ver Joaquina o filho apeou do cavalo guardou arados enxadões viajou quatro dias pra trazer de volta alguns sobrinhos e a irmã que nove anos depois esperou uma das filhas ao lado do guarda-chuva preto na estação de trem de Adamantina

Mulher morta

Nos sustos do Ibiassucê,
Sebastião chamou Joaquina,
como se pudesse ser Inês.

Nos suplícios de Caculé
velou a noite os pagos os ranchos
negou os vícios as sibilas
e esperou Joaquina
como santa entre silícios.

Nos sítios de São Francisco do Cisco
não era Angélica, mas Joaquina
pedida por Sebastião
aos silêncios dos desassossegos
das serpentes dos quiriris.

Haverá de estar vivo?

as mulheres que vivem muito
as octogenárias senhoras
Úrsulas Leocádias Leonídias
irão esperar
nos portões
    das quintas das casas
de saúde
    dos lares
o noivo Deodoro Castro Alves
o primeiro Epídio Borsola
como fizeram
    como fazem
apesar dos sete filhos
quinze netos e uma viuvez

Decreto

que todas as mulheres possam ir a Araraquara
criar porcos sob cheiro de laranja
encontrar bolsas e ônibus sem banheiro
com jaquetas no banco camisetas laranjas
ganhem direito ao chá quente no copo de plástico
em manhãs de geada
e a salas alemãs de paredes finas
que todas as mulheres encontrem Araraquara
sem porcos com paredes de vidros cães e calangos
e aprendam que as roupas de frio nunca são suficientes
e que os pés congelam em ônibus
que as mulheres renascem livres em Araraquara
para terem à noite sua própria lua
e um tigre de pelúcia

Penélope é partida (ou lua em sagitário)

não se diz voltar um rio se vai
Marcos Siscar

Motivos que fizeram Penélope terminar namoros

— Ele estava dançando com outras meninas!
(no bailinho da escola)

—

Perguntou se esperaria se decidir
    entre a ex
    e ela.

—

Não conseguia se lembrar do rosto dele
no outro dia.

—

Penélope desejava que morresse
para que ele nunca tivesse existido

—

Demorou muito para dizer que a amava.

—

Olhava Penélope fixamente
como louco

—

Demorou muito para dizer que a desejava.

—

Trazia borboletas amarelas
mas demorava a aparecer.

—

Era Don Juan!
    apesar de trazer luas de presente

—

Seu cheiro de álcool dava náuseas em Penélope.

—

Era lindo, mas a deixou esperando uma noite inteira
                                                [uma vez.

—

Não colocava pontos de interrogação
nas mensagens do celular
(e parecia imperativo quando era interrogativo).

—

Quando viajava
ele parecia o anão de jardim de Amélie Poulain
em suas fotos do Face.

—

Ela não entendia sua letra nas cartas de amor.

O poema **Estudos para um corpo masculino** foi publicado na *Revista Cult,* nº 168, em maio de 2012, e em outras revistas e blogs. Ele e **O catador de papel balança a carroça** estão no livro *O dragoeiro*, publicado pela editora Intermeios em 2012.

Primeiras versões de **Gosto mais da lua com você, Ilha** e **Motivos que fizeram Penélope terminar namoros** saíram na *Revista Literária Sítio*, do Académico de Torres Vedras, Portugal, em 2013.

Depois do nome, **Ela aperta nas pernas o delírio do vinho** e **Barco** foram publicados no blog *O relógio avariado de Deus*, de Portugal, em 2015.

Índice de poemas

Penélope é partida

19 *Três luas, Dionísio, moram na casa, a minha.*
20 *se sou lira,*
21 Viagem
22 Estudos para um corpo masculino
24 Noite
25 *não preciso da água depois de você*
26 *para conter a noite fecho a cortina*
27 *falar teu nome é ainda a ausência do nome*
28 Estudos para um corpo masculino II
29 *A mão toca o osso do meu queixo*
30 "Parece filme de Kubrick"
32 *Foi como se o quarto fosse mar*
33 enquanto a lua tenta chapear o lago
34 poderia atravessar a cidade de bicicleta
35 eu te encontro depois do girassol
36 eu que sou estrelas galáxias
37 olho oriental diluído no mel,
38 como quem sonha com savanas
39 *Tenho Eros no peito*
40 os gregos diriam ser destino
41 *teu nome é Davi*
42 Hendrix faz aniversário sob degraus brancos
43 Ilha
45 Gosto mais da lua com você
46 *como se lua*
47 *amor é névoa miragem*
48 *Antes de morrer*
49 Fragmentos do discurso de Penélope

Passagens

53 *Kaváfis surge como sol*
54 estações e partidas
55 queda
56 *repetimos o pulo e refazemos*
57 *desde então o porto é uma cidade que me espera*
58 Exílio
59 vigia
60 aeroporto municipal
61 *O catador de papel balança a carroça*
62 Orfeu
63 *Sol branco desarvora pássaros*
64 a árvore que chovia flores amarelas
65 órfão
66 Decalque
67 Papoula (Decalque II)

Desabrigo

71 translúcida
72 *nada mais solitário do que andar*
73 *o mesmo gesto na mesa do café*
74 *me lembro do conselho de Kaváfis*
75 *carregamos nas mãos como relíquia*
76 *ando entre pessoas sem olhos*
77 *a lua vermelha antecipa as águas entre pernas*
78 Morrer

Todo poema é de amor

- 81 Poética
- 82 Amor-poesia
- 83 Os poetas não mentem sobre o amor
- 84 18 – ago
- 85 Poesia contemporânea
- 86 *a poesia está nas esquinas quebradas*
- 87 *o poeta navega o rio diluído na tarde branca*
- 88 *amor são terras estrangeiras*
- 89 *amor é massa fresca*

Histórias de amor

- 93 Barco
- 95 *porque tem um pássaro amarelo no peito*
- 96 Depois do nome
- 97 *ela aperta nas pernas o delírio do vinho*
- 98 *no rio de ópio à deriva*
- 99 Estudos
- 100 Ele era Oscar, nas noites de Cabíria
- 101 *ela descobriu uma das Ítacas no corpo do homem*

A origem de Ítaca

105 Princípio
106 Tebas
107 *tomo suco de groselha*
108 *o cheiro do molho no pão lembra mordidas*
109 *encontrei no xerox do prefácio*
110 filho
111 *escuto os violões na sala*
112 Ancestral
113 *o pai disse vai ver Joaquina*
114 Mulher morta
115 Haverá de estar vivo?
116 Decreto

Penélope é partida (ou lua em sagitário)

119 Motivos que fizeram Penélope
     terminar namoros

© 2019, Cristiane Rodrigues de Souza
Todos os direitos desta edição reservados à
Laranja Original Editora e Produtora Ltda.

www.laranjaoriginal.com.br

Edição **Filipe Moreau**
Projeto gráfico **Arquivo · Hannah Uesugi e Pedro Botton**
Produção executiva **Bruna Lima**
Foto da autora **Arquivo pessoal**

Dados Internacionais de Catalogação na Publicação (CIP)
(Câmara Brasileira do Livro, SP, Brasil)

Souza, Cristiane Rodrigues de [1975-]
    Todo poema é de amor / Cristiane Rodrigues de Souza.
— 2. ed. — São Paulo: Editora Laranja Original, 2022. —
(Coleção Poetas Essenciais; v. 14)

    ISBN 978-65-86042-47-4

    1. Poesia brasileira I. Título. II. Série.

22-121647   CDD-B869.1

Índices para catálogo sistemático:
1. Poesia: Literatura brasileira B869.1

Cibele Maria Dias — Bibliotecária — CRB-8/9427

Fontes **Gilroy e Greta**
Papel **Pólen Bold 90 g/m²**
Impressão **Psi7 / Book7**
Tiragem **150**